THÉORIE

pour apprendre

A TIRER LA CANNE

EN 25 LEÇONS.

Ornée de Soixante-seize figures.

Par LEBOUCHER de Rouen,

Professeur de Canne, Bâton, Adresse et Boxe.

hez l'Auteur, 20, Rue de la Michodière

et chez

tous les principaux Libraires.

PARIS.

1843.

Lith. Paul Petit et Cie à Paris.

THEORIE

POUR APPRENDRE

TIRER LA CANNE

EN VINGT-CINQ LEÇONS,

Ornée de soixante-quatorze figures,

Par LEBOUCHER, de Rouen,

Professeur de Canne, Bâton, Adresse et Boxe.

Prix : 5 francs.

A PARIS,

CHEZ :
L'AUTEUR, *rue de la Michodière*, N° 20,
PERCEPIED, LIBRAIRE, *passage Choiseul*, N° 47,
AMABLE RIGAUD, *galerie Vivienne*, N°s 5 *et* 7,
Et tous les Marchands de Nouveautés.

1843.

Pour paraître incessamment :

TRAITÉ

DE

BOXE FRANÇAISE

Par le même Auteur.

Paris. — Imprimerie de A. APPERT passage du Caire, 54.

Quelques mots préliminaires.

L'*art de tirer la Canne* n'est point futile comme certaines personnes peuvent le penser.

Sous le rapport de la défense personnelle, il est indispensable; sous celui de l'hygiène, il est un des exercices acceptés par la civilisation, pour concourir à l'achèvement de l'éducation gymnastique.

Dans les campagnes, vous avez, pour vous distraire, les longues et douces promenades, la chasse, la pêche, l'équitation, la danse; dans les villes, les mœurs ont ajouté à ces plaisirs, l'escrime et d'autres délassements qui en dérivent, tels que la boxe, le bâton, la *canne* et autres jeux d'adresse.

Le premier moyen de défense de l'homme a été le poing; plus tard, l'homme a ramassé des pierres, et les a lancées à la tête de ses ennemis; ensuite, il s'est emparé d'une branche d'arbre ou d'un morceau de bois, nommé d'abord massue ou casse-tête, et qui, de siècle en siècle, diminuant de volume, est ce que nous sommes convenus, aujourd'hui, d'appeler une *canne*.

Les armes aiguës et tranchantes, les armes à feu ont succédé à ces premiers moyens de défense, reconnus presqu'inutiles dans notre état actuel de société. Cependant, quelle que soit notre civilisation, de quelque sécurité dont jouissent les citoyens, la prudence ne veut pas que l'on dédaigne *l'arme primitive;* l'autorité l'a si bien senti, qu'elle n'en interdit le port à personne, pour repousser une aggression nocturne, une insulte ou l'attaque d'un animal.

Pénétré de ces idées, nous avons régularisé la THÉORIE DE L'ART DE LA CANNE; nous avons voulu la réduire à sa plus extrême simplicité; nos efforts ont été couronnés de succès. Vingt-cinq de nos leçons suffisent pour amener l'élève à obtenir le degré de perfection qui exigeait autrefois six mois de pratique.

Nous avons compris, de plus, que nos leçons ne devaient rien ravir aux occupations sérieuses; notre intention a été uniquement de créer un délassement gymnastique et un moyen de répulsion utile dans certaines circonstances indépendantes de la volonté.

Cet exercice doit être cultivé, n'eût-il que le seul avantage de favoriser la force musculaire, de développer la vigueur des bras, de la poitrine et des jambes, de dilater les poumons et d'imprimer au thorax plus de stature et de volume. Comment en serait-il autrement, quand on pense qu'un élève ordinaire peut parvenir à porter *cent cinquante coups* en une minute?

Nos écoles les plus savantes ont reconnu l'indispensabilité de notre théorie; et les jeunes gens appelés au service militaire, qui auront pris de nos leçons, se défendront à l'arme blanche, avec plus d'à-plomb et de dextérité, l'instruction préliminaire de la *canne* ayant applani toutes les difficultés du maniement du sabre.

Nous terminerons en invitant MM. les chefs d'institutions, qui n'auraient pas encore admis notre méthode, à vouloir bien faire connaître à leurs élèves les avantages de notre nouvelle théorie, uniquement instituée comme SYSTÈME DE DÉFENSE PERSONNELLE.

Garde.

MANIÈRE DE SE PLACER EN GARDE.

Observations préliminaires.

Il faut, avant de se placer en *garde,* passer le poignet dans la martingale, saisir la *canne* à dix centimètres au-dessous de la tête de la *canne;* et, pour que le poignet ne puisse pas remonter, tordre la martingale, afin que la main reste toujours dans la même position; sans cela, en manœuvrant, la tête de la *canne* descendrait dans la main, et l'on n'aurait plus de force pour parer et pour riposter.

Garde.

Après avoir saisi la *canne* de la manière ci-dessus indiquée, on devra placer ses pieds d'équerre, c'est-à-dire, la pointe du pied gauche tournée à gauche, et la pointe du pied droit faisant face à l'adversaire, le talon droit derrière le talon gauche; puis, ensuite, écarter les jambes d'environ deux longueurs de pied, le corps sur le milieu, afin de ne pas fatiguer une jambe plus que l'autre. Étant ainsi fendu, en face de l'adversaire, on doit tenir la *canne* à la hauteur de l'œil, le bras droit un peu raccourci, la main renversée, les ongles en dessous, position que l'on nomme *tierce,* et le bras gauche placé derrière les reins.

On nomme cette position *garde,* parce qu'elle se retrouve au milieu de toutes les parades.

PARADES ET RIPOSTES SUR PLACE.

Observation.

Il faut, pour toutes les parades, à l'exception de celle des jambes, relever la jambe droite près celle de gauche (position qui donne la facilité de se fendre pour les ripostes), de sorte que si l'adversaire faisait le simulacre de frapper dans le haut, et frappait réellement dans le bas, la jambe ne reste pas en prise.

On appelle frapper dans le haut, frapper la la tête ou la figure.

Parade de Tête.

Pour parer la tête, il faut lever le bras dans toute sa longueur, en même temps qu'on relève la jambe droite, le poignet porté un peu en avant, vers le côté droit, afin qu'il ne soit pas atteint, si le coup frappé est porté un peu de côté, par l'adversaire, et la pointe de la *canne* placée horizontalement, pour garantir l'épaule gauche.

Il faut avoir soin que toutes les parades soient prises avec force, de manière que le choc se fasse sentir à la *canne* de celui qui frappe. Ce mouvement est d'autant plus facile qu'étant en garde, le bras se trouve raccourci, et qu'il suffit de tendre la saignée brusquement, pour qu'à leur rencontre, les deux *cannes* éprouvent le choc nécessaire.

2.

Coup de tête. *Parade.*

Riposte par un coup de tête, après
la parade de tête.

7

RIPOSTE

PAR UN COUP DE TÊTE APRÈS LA PARADE DE TÊTE.

La parade étant prise, le bras levé sur la droite dans toute sa longueur, il faut, pour riposter, le ployer en laissant tomber la pointe de la *canne* près de l'épaule gauche; puis, lui faisant décrire un cercle, en passant le poignet derrière la tête (de manière à ce que le coup prenne de la force), abattre le coup sur son adversaire, en se fendant de la jambe droite pour l'atteindre sur la tête, et se replacer en garde de la manière indiquée précédemment, position qui doit toujours être prise après chaque coup porté.

Il faut, sans exception, pour faciliter toutes les ripostes : 1° Ouvrir les doigts de manière à diriger la *canne* avec le pouce et l'index ; puis, la *canne* arrivant à l'endroit où l'on veut frapper, la serrer avec force. Ce moyen est indispensable pour frapper en dehors.

2° Ployer le bras de manière à ce que ce soit lui qui fasse décrire un cercle à la *canne;* car tous les coups développés par le poignet ne peuvent avoir de force.

RIPOSTE

PAR UN COUP DE FIGURE, EN DEDANS, APRÈS LA PARADE DE TÊTE.

La *canne* étant placée en parade de tête, le poignet sur la droite, la main en *tierce*, il faut pour riposter à la figure, ployer le bras, en faisant décrire un cercle horizontal à la *canne*; puis, en se fendant, allonger le bras sur la droite, en mettant les ongles en *quarte*, c'est-à-dire en dessus, de manière à diriger la *canne* sur l'oreille gauche de l'adversaire.

4

Riposte par un coup de figure en dedans
après la parade de tête.

Lith. Paul Petit

Riposte par un coup de Jambe en dedans.

RIPOSTE

PAR UN COUP DE JAMBE, EN DEDANS, APRÈS LA PARADE DE TÊTE.

Le bras étant allongé, pour obtenir la parade de tête, il faut, pour riposter à la jambe, le ployer de manière à faire tomber la pointe de la *canne* à hauteur de l'épaule gauche; puis lui faire former la roue obliquement, et, allongeant le bras sur la droite, en se fendant à fond, la main tournée en *quarte*, s'écraser autant que possible en portant le coup.

Ce coup, nommé *coup de jambe en dedans*, est celui dont on doit se servir pour mettre son adversaire hors de combat, le *coup de jambe en dehors* ayant moins d'effet, ne portant que sur le gras de la jambe.

PARADE

DU COUP DE FIGURE EN DEDANS, APPELÉE PARADE DE *Quarte*.

Il faut allonger le bras sur la gauche et un peu en avant, le poignet placé à hauteur du sein, la pointe de la *canne* en l'air.

6

Coup de figure frappé en dedans. *Parade.*

7

Riposte par un coup de reins, après la parade du co[illegible] de [illegible]rte en dedans, mise en [illegible]uarte.

RIPOSTE

PAR UN COUP DE REINS, APRÈS LA PARADE DE COUP DE FIGURE EN DEDANS, PRISE EN *Quarte.*

Le bras étant allongé sur le côté gauche et la pointe de la *canne* en l'air, on doit, pour riposter, lever le bras, les ongles en *quarte,* et, la *canne* placée horizontalement, lui faire décrire un cercle, en se fendant et en allongeant le bras sur la gauche, les ongles en *tierce*, afin de frapper sur les reins de l'adversaire.

On peut également, par ce moyen, riposter plus haut par un coup de figure.

RIPOSTE

PAR UN ENLEVÉ, APRÈS LA PARADE DU COUP DE FIGURE EN DEDANS, PRISE EN *Quarte.*

Étant en parade de figure, il faut, pour riposter par un enlevé, ployer le bras en baissant la pointe de la *canne* en arrière, de manière à lui faire décrire un cercle près du corps; puis frapper, en renversant la main en *tierce*, afin que le coup arrive sous le coude de l'adversaire.

Ce coup, presque toujours, met l'adversaire hors d'état de pouvoir riposter.

8

Riposte par un enlevé, après
la parade du coup de figure en dedans, prise en qua

Riposte par un coup de Jambe en dehors après

RIPOSTE

PAR UN COUP DE JAMBE EN DEHORS, APRÈS LA PARADE DE FIGURE EN DEDANS, PRISE EN *Quarte*.

Il faut lever le bras dans toute sa longueur sur la gauche, placer la *canne* horizontalement; lui faire décrire un cercle en se fendant à fond, et, en allongeant le bras vers la gauche, la main en *tierce*, frapper la jambe de l'adversaire en dehors.

Ce coup ne doit être porté qu'en riposte.

PARADE

DU COUP DE FIGURE EN DEHORS, APPELÉE *Tierce*.

Il faut, pour parer le coup de figure en dehors, relever la jambe droite près celle de gauche, le bras porté sur la droite, le poignet à hauteur de l'épaule et renversé en dehors, la pointe de la *canne* en l'air et légèrement obliquée.

10

Coup de figure frappé en dehors.

Parade.
appelée tierce.

10 (bis)

Parade du coup de figure vue de côté.

Même parade vue de face.

Riposte par un coup de tête, après la parade du coup de figure en dehors, prise en tierce.

RIPOSTE

DU COUP DE TÊTE, APRÈS LA PARADE DU COUP DE FIGURE EN DEHORS, PRISE EN *Tierce.*

Le bras étant allongé sur la droite pour parer, la pointe de la *canne* se trouvant en l'air, il faut lever le bras dans toute sa longueur, du même côté où il est placé, baisser la pointe de la *canne*, près l'épaule gauche; puis, en ployant le bras, lui faire décrire un cercle oblique, et, en se fendant, diriger son coup sur la tête de l'adversaire, la main tournée en *quarte.*

RIPOSTE

PAR UN COUP EN DEDANS, APRÈS LA PARADE DU COUP DE FIGURE, PRISE EN *Tierce*.

Il faut lever le bras sur la droite dans toute sa longueur, placer la *canne* horizontalement; puis, en ployant le bras, faire décrire un cercle à la *canne*, et se fendre, en allongeant le bras sur la droite, de manière à atteindre l'oreille gauche de l'adversaire, la main étant renversée en *quarte*.

Riposte par un coup de figure en dedans, après la parade du coup de figure prise en tierce.

Riposte par un coup de Jambe en dedans après la parade du coup de figure en dehors prise en tierce.

RIPOSTE

PAR UN COUP DE JAMBE EN DEDANS, APRÈS LA PARADE DU COUP DE FIGURE EN DEHORS, PRISE EN *Tierce*.

Il faut, pour cette riposte, lever le bras dans toute sa longueur, sur le côté droit; puis, en le ployant, faire décrire un cercle à la *canne*, allonger le bras sur la droite, et, se fendant à fond, le corps bien assis, frapper le bas de la jambe de l'adversaire.

*

PARADE

DE FIGURE EN DEDANS, PRISE EN *Prime.*

On peut aussi parer la figure en position de *prime*, position qui facilite les ripostes en dedans.

Il faut, pour parer en *prime*, lever le bras sur le côté gauche, au-dessus de la tête, le poignet tout-à-fait sur la gauche, la pointe de la *canne* en bas, et presque perpendiculairement, de manière à voir son adversaire entre la *canne* et le bras.

14.

Coup de figure frappé en dedans.

Parade appelée prime.

15.

Riposte par un coup de tête, après la parade de figure en dedans, prise en prime.

RIPOSTE

PAR UN COUP DE TÊTE, APRÈS LA PARADE DE FIGURE EN DEDANS, PRISE EN *Prime*.

Étant en parade de *prime*, le poignet, comme il est dit plus haut, placé à gauche, au-dessus de la tête, il suffit, pour riposter, de faire décrire un cercle à la *canne;* puis, le poignet arrivé derrière la tête, se fendre en allongeant brusquement le bras, afin de frapper sur la tête de l'adversaire.

RIPOSTE

PAR UN COUP DE JAMBE EN DEDANS, APRÈS LA PARADE DU COUP DE FIGURE, PRISE EN *Prime*.

Le bras étant placé sur la gauche en position de *prime*, il faut, pour riposter à la jambe, porter le bras sur la droite, la *canne* placée horizontalement; puis, en ployant le bras de manière à faire décrire un cercle à la *canne*, allonger le bras, en se fendant, et frapper à la jambe de l'adversaire, la main renversée en *quarte*.

16.

Riposte par un coup de Jambe en dedans, après la parade du coup de figure prise en prime.

Lith. Paul Petit et Cie Paris

17.

Riposte par un coup de figure en dedans apres
la parade de figure prise en prime.

RIPOSTE

PAR UN COUP DE FIGURE EN DEDANS, APRÈS LE COUP DE FIGURE TIRÉ EN DEDANS, LA PARADE ÉTANT PRISE EN *Prime*.

Le bras étant placé sur la gauche au-dessus de la tête, la *canne* presque perpendiculaire, il faut, pour riposter, porter le bras sur la droite, la *canne* placée horizontalement, ployer le bras de manière à faire décrire un cercle à la *canne*, et allonger rapidement le bras, la main tournée en *quarte*, afin d'arriver à frapper sur l'oreille gauche de l'adversaire.

PARADE DES REINS.

Il faut, pour prendre parade des reins, lever le bras horizontalement, le poignet sur le côté droit, à hauteur de l'épaule droite, et baisser la pointe de la *canne*, ayant les ongles en *tierce*, le poignet tout-à-fait tourné en dehors.

18

Coup de reins

Parade.

19

Riposte par un coup de tête.
après la parade de reins.

RIPOSTE

PAR UN COUP DE TÊTE, APRÈS PARADE DES REINS.

Le bras étant placé en parade des reins, il suffit de le lever dans toute sa longueur, puis le ployer en conduisant la *canne* sur le côté gauche, afin de lui faire décrire un cercle, pour frapper sur la tête, le poignet tourné en *quarte*.

RIPOSTE

D'UN COUP DE FIGURE EN DEDANS, APRÈS PARADE DES REINS.

Il faut lever le bras dans toute sa longueur, en plaçant la *canne* horizontalement (comme dans la parade de tête), et, ployant le bras, faire décrire à la *canne* un cercle horizontal, la main renversée en *quarte*, allonger le bras, en se fendant, pour frapper à la figure de l'adversaire.

Pour la riposte du coup de flanc, après la même parade, la manière de riposter est la même que celle enseignée ci-dessus ; seulement il faut se baisser davantage en se fendant.

Riposte par un coup de figure en dedans, après parade des reins.

Riposte par un coup de jambe en dedans,
après la parade des reins.

Lith. Paul Petit et Cie Paris.

RIPOSTE

PAR UN COUP DE JAMBE EN DEDANS, APRÈS LA PARADE DES REINS.

Il faut lever le bras dans toute sa longueur, sur la droite, placer la *canne* horizontalement en position de parade de tête; puis ployer le bras en faisant décrire un cercle à la *canne*, et allongeant le bras, en tournant la main en *quarte*, frapper à la jambe; il est nécessaire, pour ne pas frapper plus haut que le genou, de s'écraser beaucoup en se fendant.

PARADE DE FLANC.

Il faut, pour parer le flanc, allonger le bras vers le côté gauche, le poignet au-dessus de la tête, la pointe de la *canne* renversée dans la même position que pour la parade de *prime*.

22.

Coup de flanc.

Parade.

25

Riposte par un coup de flanc, après la parade de flanc prise en prime.

23.

Riposte par un coup de tête après la parade
de flanc en prime.

Lith. Paul Petit et Cie Paris.

24.

Riposte par un coup de figure en dedans, après la parade de flanc prise en prime.

RIPOSTE

PAR UN COUP DE TÊTE, APRÈS LA PARADE DE FLANC, PRISE EN *Prime.*

Le bras étant placé vers le côté gauche, il faut le lever dans la même direction; puis, en le ployant de manière à faire décrire un cercle à la *canne,* allonger le bras, pour frapper, la main tournée en *quarte.*

RIPOSTE

PAR UN COUP DE FIGURE EN DEDANS, APRÈS PARADE DE FLANC, PRISE EN *Prime*.

Il faut lever le bras vers la droite, placer la *canne* horizontalement, de manière à lui faire décrire un cercle, et allonger le bras en frappant, la main renversée en *quarte*.

RIPOSTE

PAR UN COUP DE FLANC, APRÈS PARADE DE FLANC, PRISE EN *Prime*.

Il faut pour riposter, lever le bras vers le côté droit, la pointe de la *canne* placée horizontalement, puis, ployant le bras, en faisant décrire un cercle à la canne, l'allonger vers la droite, pour frapper, la main tournée en *quarte*.

La manière de tourner la *canne* est la même que pour le coup de figure en dedans; seulement, il faut, en se fendant, s'écraser davantage.

PARADE

DU COUP DE JAMBE EN DEHORS.

Il faut, pour parer la jambe en dehors, étant en garde, baisser la pointe de la *canne,* à *quinze centimètres* de terre environ, le bras allongé sur la droite, la main renversée en *tierce,* position dans laquelle on n'a pas besoin de relever la jambe, puisqu'elle se trouve garantie par la parade.

Parade.

Coup de Jambe en dehors.

27.

Riposte par un coup de tête après la parade de jambe en dehors.

Lith. Paul Petit et Cie

28.

Riposte par un coup de figure après la parade de jambe en dehors.

RIPOSTE

PAR UN COUP DE TÊTE, APRÈS LA PARADE DE JAMBE, EN DEHORS.

Il faut, pour riposter, lever le bras dans toute sa longueur, en conservant la pointe de la *canne* en bas, le ployer, de sorte à faire décrire un cercle à la *canne* sur le côté gauche, et l'allonger, en frappant, de manière à arriver sur la tête de l'adversaire, la main placée en *quarte*.

RIPOSTE

PAR UN COUP DE FIGURE, APRÈS LA PARADE DE JAMBE EN DEHORS.

Il faut lever le bras, dans toute sa longueur, puis le ployer, de sorte à faire décrire à la *canne* un cercle horizontal, en allongeant le bras, la main tournée en *quarte*, de manière à toucher l'oreille gauche de l'adversaire.

On peut, par cette manière de développer la *canne*, frapper aussi sur le flanc.

29.

Coup de jambe en dedans.

Parade.

30

Riposte par un coup de figure en dehors après la parade de jambe en quarte.

31.

Parade d'enlevé.

PARADE

DE JAMBE EN DEDANS.

Il faut, pour parer, étant en garde, allonger le bras vivement, vers le côté gauche, la pointe de la *canne*, à *quinze centimètres* de terre, la main renversée en *quarte*.

Le coup de jambe tiré en dedans peut aussi être paré, la main tournée en *tierce*, mais, dans cette parade, on ne peut riposter en dehors avec vitesse, le poignet étant obligé de se replacer en *quarte* ; il vaut donc mieux parer, de suite, de la première manière.

On enseigne ci-dessus à parer la jambe, afin que les élèves connaissent toutes les parades ; mais il est plus vite fait, lorsqu'on voit arriver le coup de jambe, de la relever derrière la gauche, sans poser le pied à terre, en levant le bras, de manière à tirer à la tête ou à la figure.

RIPOSTE

PAR UN COUP DE FIGURE EN DEHORS, APRÈS LA PARADE DE JAMBE EN DEDANS, PARÉE EN *Quarte.*

Il faut lever le bras dans toute sa longueur et dans la même direction où il est placé, pour parer, la *canne* tenue horizontalement ; ployer le bras, de sorte à lui faire décrire un cercle, vers le côté gauche, et allonger le bras, dans toute sa longueur, pour frapper sur l'oreille droite de l'adversaire.

PARADE D'ENLEVÉ.

On est exposé à être touché par un *enlevé*, toutes les fois que l'on a frappé dans le haut, c'est-à-dire, comme on l'a déjà expliqué, lorsqu'on a frappé la tête ou la figure; ainsi donc, ayant allongé le bras pour frapper, il faut, pour parer l'*enlevé*, retirer, de suite, le bras en arrière, sur le côté droit, la pointe un peu en l'air et légérement obliquée à droite; de sorte que si l'*enlevé* vient à être tiré un peu de côté, il ne puisse atteindre la figure.

RIPOSTE

PAR UN COUP DE POINTE DANS LA FIGURE, APRÈS LA PARADE D'ENLEVÉ.

Le bras étant retiré en arrière, pour parer l'*enlevé*, la main se trouve en *quarte ;* il faut, pour riposter, par un coup de pointe, allonger le bras, en renversant la main en *tierce.*

32.

Riposte par un coup de pointe dans la figure après la parade d'enlevé.

33.

Parade du coup de pointe en dedans
paré en quarte

PARADE

DU COUP DE POINTE EN DEDANS, PARÉ EN *Quarte*.

Il faut, si le coup de pointe est tiré en dedans, baisser le poignet, en tournant les ongles en *quarte*, la pointe de la *canne* en l'air, le bras allongé vers le côté gauche, de sorte que le coup de pointe passe près du corps.

RIPOSTE

PAR UN COUP DE FIGURE, EN DEHORS, APRÈS LA PARADE DU COUP DE POINTE, TIRÉE EN DEDANS.

Il faut, pour riposter, porter le poignet sur le côté gauche, la main tout-à-fait tournée en *quarte*, allonger le bras dans toute sa longueur, la *canne* placée horizontalement, ployer le bras de manière à faire décrire un cercle à la *canne*; puis renverser la main en *tierce*, en frappant sur l'oreille droite de l'adversaire.

On peut aussi, ayant paré de la manière ci-dessus, riposter par un coup de jambe en dehors; mais il est mieux de ne le pas faire, vu que cette riposte, tombant sur le gras de la jambe, ne peut avoir aucun résultat.

34.

Riposte par un coup de figure en dehors, après la parade du coup de pointe tiré en dedans.

35.

Parade du co[illegible] de [illegible]ointe tiré en dehors

PARADE

DU COUP DE POINTE TIRÉ EN DEHORS, C'EST-A-DIRE EN DESSUS DU BRAS.

Il faut, pour parer, porter vivement le bras sur le côté droit, la main tournée en *tierce*, la pointe de la *canne* en l'air, de sorte que le coup passe à la droite du corps.

RIPOSTE

PAR UN COUP DE FIGURE, EN DEDANS, APRÈS LA PARADE DU COUP DE POINTE TIRÉ EN DEHORS.

Il faut porter le bras droit sur la droite, le lever dans toute sa longueur, en plaçant la *canne* horizontalement, au-dessus de la tête, ployer le bras, en faisant décrire un cercle à la *canne*, et, en l'allongeant pour frapper, tourner la main en *quarte*.

36.

Riposte par un coup de figure en dedans, après la parade du coup de pointe en dehors.

31.

Riposte par un coup de jambe en dedans, après la parade du coup de jambe tiré en dehors.

RIPOSTE

PAR UN COUP DE JAMBE, EN DEDANS, APRÈS LA PARADE DU COUP DE POINTE TIRÉ EN DEHORS.

Il faut porter le bras sur le côté droit, placer la *canne* horizontalement, ployer le bras en lui faisant décrire un cercle; puis l'allonger sur la droite, en se fendant à fond, la main renversée en *quarte*.

Les parades et ripostes enseignées précédemment se font aussi en marchant et en rompant.

MANIÈRE

DE PARER ET DE RIPOSTER EN MARCHANT.

Il faut rapprocher la jambe gauche contre la jambe droite, puis se fendre de la jambe droite en frappant, moyen dont on doit se servir, lorsque l'adversaire attaque de loin. Dans ce cas, pour que la riposte puisse l'atteindre, il faut, en parant, rapprocher, comme il est dit, la jambe gauche contre la jambe droite, et se fendre en ripostant.

Pour parer et riposter en rompant, il faut relever la jambe droite près la jambe gauche; puis, en frappant, porter la jambe gauche en arrière.

Il est utile de rompre, alors qu'on a affaire à un adversaire qui frappe vigoureusement sans s'occuper de parer les ripostes; cependant il ne faut jamais rompre de manière à s'acculer contre un mur, ou tout autre obstacle analogue, parce que, dans cette position, on ne pourrait plus faire décrire le cercle nécessaire à la *canne*, pour riposter.

Pour éviter cette fausse position, il faut, en rompant, se préparer à tirer le coup de pointe, et, pour que le coup de pointe ait de la force, porter la jambe gauche en arrière, mais moins loin qu'on ne le fait dans les ripostes ordinaires; de sorte que la jambe gauche étant restée près de la jambe droite, on puisse se fendre en avant, en portant le coup de pointe, la main toujours placée en *tierce*.

FEINTES.

On peut, en ripostant, tromper l'adversaire, c'est-à-dire ne développer la riposte qu'aux trois quarts du cercle que l'on fait décrire habituellement à la *canne* pour frapper, et, voyant l'adversaire prêt à parer, faire décrire à la *canne* un autre cercle, pour frapper dans un autre endroit. Par exemple : admettant que l'on riposte à la tête, l'adversaire levant le bras pour obtenir la parade, il faut changer le coup de direction pour tirer à la figure, etc., etc.

Il en est de même pour tous les autres coups. En résumé, il faut, après la feinte, frapper à l'endroit où l'adversaire se trouve à découvert, ce qui, en grande partie, dépend de la perspicacité et de la vivacité du tireur.

Voici quelques dénominations de Feintes.

Feinte de frapper à la tête, pour frapper à la jambe, si l'adversaire ne l'a pas relevée en prenant parade.

Feinte de frapper à la figure, en dehors, pour frapper en dedans.

Feinte de frapper à la figure, en dedans, pour frapper en dehors.

Feinte du coup de tête, pour frapper sur les reins.

Feinte du coup de figure, en dehors, pour frapper à la jambe.

Feinte du coup de tête, pour tirer l'*enlevé*, etc.

DÉFENSE

CONTRE PLUSIEURS ADVERSAIRES, NOMMÉE *Bagarre*.

On se sert dans une *bagarre*, de coups nommés *doublés* et *voltés*.

Doublés.

On nomme ces coups, *coups doublés*, parce qu'ils sont tirés avec assez de vitesse, pour que l'adversaire qui aurait paré le premier coup, ne puisse riposter dans l'intervalle que le second coup met à arriver.

Manière de décomposer les Doublés.

La *canne* placée sur l'épaule gauche, le poignet près de l'épaule, la jambe droite en avant, il faut, pour tirer le coup de figure, allonger le bras horizontalement, la main renversée en *tierce;* puis, la pointe de la *canne* arrêtée devant soi, lever le bras sur le côté gauche et dans toute sa longueur, placer la *canne* horizontalement, avancer la jambe gauche en avant, pivoter sur la pointe du pied droit, de manière à faire face derrière soi, et développer le second coup de figure, également, avec assez de force, pour que la *canne* revienne se placer sur l'épaule droite.

Après avoir bien appris la manière de décomposer, il faut s'exercer à tirer les deux coups, en même temps que l'on avance la jambe. Le premier coup doit frapper en avant, et le second derrière; pour cela, il faut bien pivoter sur le pied, de manière à avoir toute facilité pour tourner le corps.

Manière de tirer les Doublés sur les quatre faces, en pivotant sur le même pied.

Pour pivoter sur le pied gauche, la *canne* se trouvant placée sur l'épaule droite, le poignet près de l'épaule et la jambe gauche en avant, il faut allonger le bras, tournant la main en *quarte*, et développer le coup de figure, en arrêtant la pointe de la *canne* devant soi. Pour tirer le second coup, il faut se couvrir en parade de tête, le bras allongé sur la droite, la main placée en *tierce*, en même temps que l'on avance la jambe droite sur la même ligne que la gauche. Ensuite, faisant face à gauche, on ploie le bras, en développant le coup de figure avec force, de manière à ce que la *canne* se trouve sur l'épaule gauche.

Afin de pouvoir continuer de pivoter sur le même pied, on tire avec force un coup de figure, pour faire passer la *canne* d'une épaule à l'autre.

Pour la seconde face, il faut, la *canne* étant placée sur l'épaule, ne développer le coup de figure que d'un quart de tour, avancer la jambe droite sur la ligne même où la *canne* se trouve arrêtée; et, pour développer le second coup de figure, lever le bras sur le côté droit, en parade de tête, et, le ployant, frapper vigoureusement sur le côté gauche, afin que la *canne* se replace sur l'épaule gauche.

Pour continuer ainsi les troisième et quatrième faces, on n'a qu'à changer la *canne* d'une épaule à l'autre par un coup de figure.

Ce moyen de défense est très utile lorsqu'on a affaire à plusieurs personnes, en même temps, et que l'on se trouve dans un petit espace.

Les *doublés* de pivotement sur le pied gauche se font également sur le pied droit; seulement il faut se couvrir en *quarte*, au lieu de se couvrir en *tierce*, lorsqu'on passe la jambe gauche en avant, de la même manière que l'on a passé la droite.

Les *doublés* sont les coups dont on doit se servir dans une *bagarre*, lorsqu'il n'y a pas beaucoup de place.

VOLTÉS.

On nomme *voltés*, trois coups de figure donnés en sautant. Mais avant de pouvoir les faire, il est nécessaire de les apprendre sans sauter. Voici la manière:

Voltés développés en Tierce.

Étant en garde, il faut placer la *canne* sur l'épaule gauche, et allonger le bras en frappant par un coup de figure, la main en *tierce*, la pointe de la *canne* restée devant soi; puis, passant la jambe gauche en avant, en même temps qu'on lève le bras, vers le côté gauche, la main en *quarte*, la *canne* placée horizontalement, le corps faisant face à droite, développer le second coup de figure, à droite, la main remise en *tierce*, la pointe de la *canne* restée en face de soi, comme au premier coup; et, pour que le *volté* soit terminé, lever le bras sur le côté gauche, la *canne* encore placée horizontalement, passer la jambe droite, derrière la gauche en la plaçant sur la même ligne, et écartée d'environ trois semelles de la gauche, en développant le troisième coup de figure à droite, de manière à ce que la canne arrive sur l'épaule droite du tireur.

Voltés développés en Quarte.

Il faut, étant en garde, placer la *canne* sur l'épaule droite, la jambe gauche en avant, allonger le bras en tirant un coup de figure, la main placée en *quarte,* la pointe de la *canne* restée en face de soi; puis, passer la jambe droite en avant, lever le bras en parade de tète en *tierce* sur le côté droit et faisant face à gauche; ployer le bras, pour développer le second coup de figure sur la gauche, la pointe de la *canne* restée en face de soi, comme au premier coup, la main tournée en *quarte;* ensuite lever le bras sur la droite en parade de tête, la main en *tierce,* passer la jambe gauche derrière la droite, l'écartant d'environ trois semelles, en faisant face à gauche, ployer le bras, et développer le troisième coup de figure avec force, de sorte que la *canne* arrive sur l'épaule gauche du tireur pour le droitier.

Pour *volter* de la même manière, soit sur la même ligne, soit sur le côté, il suffit de tirer un coup de figure qui passe d'une épaule à l'autre.

Manière de Volter en sautant, position de Tierce.

La *canne* étant placée sur l'épaule gauche, le poing près l'épaule, la jambe droite placée en avant, il faut, en allongeant le bras et frappant à la figure, la main renversée en *tierce*, la pointe de la *canne* restée devant soi, lever le bras sur le côté gauche au-dessus de la tête, la main tournée en *quarte*, et sautant en avant sur la pointe du pied gauche et pivotant, développer le second coup de figure derrière soi; puis, en passant le pied droit sur la même ligne que le gauche, lever le bras, la main tournée en *quarte*, pour développer le troisième coup de figure avec force, de manière que la *canne* se retrouve placée sur l'épaule droite du tireur.

Manière de Volter en sautant, position de Quarte.

La *canne* étant placée sur l'épaule droite, le poing prés l'épaule, la jambe gauche placée en avant, il faut, en allongeant le bras et frappant à la figure, la main renversée en *quarte*, la pointe de la *canne* restée devant soi, lever le bras sur le côté droit au-dessus de la tête, la main tournée en *tierce*; et, sautant en avant sur la pointe du pied droit et pivotant, développer le second coup de figure derrière soi; puis, en passant le pied gauche sur la même ligne que le droit, lever le bras, la main tournée en *tierce*, pour développer le troisième coup de figure avec force, de telle sorte que la *canne* se retrouve placée sur l'épaule gauche du tireur.

Les *voltés* servent dans un grand espace.

Il est urgent, après chaque *volté*, de tirer plusieurs coups de figure qui passent d'une épaule à l'autre, attendu que l'on frappe beaucoup moins fort avec le *volté* qu'avec le *doublé*.

Il est de même nécessaire, lorsqu'on se sent fatigué, de choisir l'endroit où il se trouve moins de monde; là, on peut recouvrer des forces, ayant soin de placer la pointe de la *canne* en bas, de manière à ce qu'elle soit disposée à recevoir le coup du premier adversaire qui arriverait de nouveau pour frapper.

Les *doublés* et *voltés*, tirés avec vitesse par un élève qui a reçu 25 leçons, peuvent être comptés au nombre de 150 coups de figure à la première minute.

Voici à l'égard des *voltés* en sautant et des *feintes*, tout ce que la théorie peut expliquer de plus clair. Ce n'est que par la démonstration et l'exercice, que l'on peut arriver à acquérir une force notable dans l'exécution de ces coups.

NOTA. Cette théorie est écrite pour deux *droitiers*. Lorsqu'un *gaucher* se trouve en face d'un *droitier*, les coups désignés par les expressions *en dehors* et *en dedans* prennent la dénomination inverse pour le droitier.

www.ingramcontent.com/pod-product-compliance
Ingram Content Group UK Ltd.
Pitfield, Milton Keynes, MK11 3LW, UK
UKHW031915260826
14628UKWH00003B/1204